달빛 길어 올리기

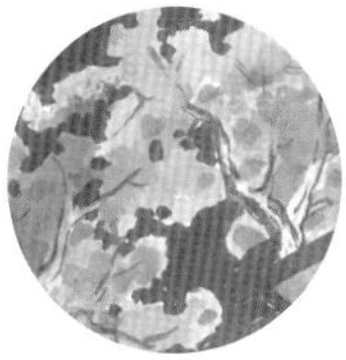

오은주 시조집

목언예원

달빛 길어 올리기

지은이 · 오은주
펴낸이 · 민병도
펴낸곳 · 목언예원

초판 인쇄 : 2016년 9월 1일
초판 발행 : 2016년 9월 5일

목언예원
출판등록 : 2003년 2월 28일 제8호
경북 청도군 금천면 선바위길 53 (신지2리 390-2)
전화 : 054-371-3544 (팩스겸용)
E-mail : mbdo@daum.net

ISBN 978-89-94733-42-5 03810

이 시집은 2016년도 경상북도 문예진흥기금의 지원을 받았습니다.

가격 : 10,000원

달빛 길어 올리기

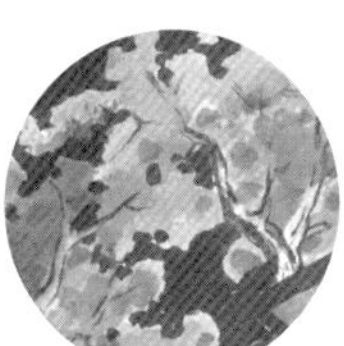

오은주 시조집

목언예원

■ 시인의 말

한 입,
달을 베어 먹었다

달의 자오선에서
내가 태어났다
붉은,

2016년 가을
오 은 주

CONTENTS

달빛 길어 올리기

PART 00 | 시인의 말 • 05

PART 01 | 빈 배에 달을 실으며 • 11

001 흙, 노래하다 • 13

002 가을, 랩소디 • 14

003 와락 • 15

004 오래된 형광등 • 16

005 동백 • 17

006 빨래집게 생각 • 18

007 버럭 • 19

008 상강 • 20

009 애어리염낭거미 • 21

010 서리, 당신 • 22

011 시월 • 23

012 이맛돌 • 24

013 빈 집 • 25

014 숭늉 끓이는 날 • 26

015 손금의 침묵 • 27

— 오은주 시조집

PART 02 | 봄, #을 그리다 • 29

001 계단 • 31

002 봄, #을 그리다 • 32

003 고 • 33

004 동바리 • 34

005 비바체 • 35

006 별 그리고 별 • 36

007 조기 • 37

008 하지 • 38

009 염전 다시 읽다 • 39

010 달빛을 수선하다 • 40

011 못갖춘마디 • 41

012 버려진 신문지 한 장 • 42

013 달항아리 • 43

014 진달래 • 44

015 그리움을 덮다 • 45

PART 03 | **고요,를 보다** • 47

001 결 • 49

002 달빛 길어 올리기 • 50

003 고요,를 보다 • 51

004 물의 마음 • 52

005 능소화 • 53

006 天馬, 다시 날다 • 54

007 청동 숟가락 • 55

008 베토벤을 듣다 • 56

009 합장 • 57

010 지지 않는 꽃 • 58

011 여운 • 59

012 못 버린 신발 한 결레 • 60

013 댓돌 • 61

014 고전을 읽다 • 62

015 시간을 건너온 배 • 63

PART 04 | 질경이 꽃대처럼 • 65

001 저물녘 소나타 • 67

002 회상 • 68

003 우려내다 • 69

004 막장드라마를 보다 • 70

005 가족사진 • 70

006 질경이 • 72

007 데칼코마니 • 73

008 고장 난 밤夜 • 74

009 끝끝내 • 75

010 황제펭귄 • 76

011 덤 • 77

012 만화경을 읽다 • 78

013 날개 • 79

014 느티 그늘 • 80

015 퍼즐 • 81

PART 05 | 오답노트를 적다 • 83

001 슬픔 꽃 • 85

002 부록에 대한 예의 • 86

003 연인 • 87

004 저승꽃 • 88

005 쑥부쟁이, 너 • 89

006 공벌레 • 90

007 새삼 • 91

008 휴전선 • 92

009 가분수집 • 93

010 어떤 인어 • 94

011 입춘, 음악회 • 95

012 발바닥 낙관 • 96

013 똥, 자화상 • 97

014 우리는 하나 • 98

015 오답노트 • 99

PART 06 | 작품해설 • 101

01 빈 배에 달을 실으며

흙, 노래하다
가을, 랩소디
와락
오래된 형광등
동백
빨래집게 생각
버럭
상강
애어리염낭거미
서리, 당신
시월
이맛돌
빈 집
숭늉 끓이는 날
손금의 침묵

흙, 노래하다
—오카리나

나, 흙으로
돌아가면
어떤 빛의
소리 날까?

뼈와 살 곱게 부서져
한 줌 흙이 되는 날

귀먹은
풀꽃 한 송이
춤추게 할 수
있을까

가을, 랩소디

읽다 놓친 편지처럼 또 한 번의 봄은 가고
시든 꽃대궁에 향기 남은 가을, 붉다
여자로 산다는 것은 매달 저를 지우는 일.

내일을 닫아버린 빈 방에 홀로 남아
올 터진 생각 달래 바늘귀에 꿰다보면
눈물도 나래를 펴나 창가로 가 별이 된다.

달을 걸러 가끔 피던 꽃소식도 감감하고
캄캄한 블랙홀에 움푹 패인 연못 하나
빈 배에 달을 싣는다, 비로소 완경完經이다.

와락

십년 넘게 부려먹은 늙은 운동화 한 켤레
현관 밖 찬 계단에 모로 누워 코를 곤다
온 몸에 페인트 자국 문신처럼 끌어안고

탄력 있던 몸뚱어리 실밥 터져 입 벌리고
지친 네가 걸어온 길 나에겐 희망이었다
긴 한숨 몰아쉬면서 그려보는 도돌이표

발등 위 덧칠만큼 낡은 골목 환해지고
뻥 뚫린 밑창으로도 꽃길인 듯 사뿐했다
신발도 등 굽은 나도 목이 멘다 그래서

오래된 형광등

신문을 펼치는데 눈 깜박이는 형광등
은회색 저승꽃이 광대뼈에 활짝 피어
중심을 벗어난 생각, 길 아닌 길 걷는다

날더러 누구네 집 색시냐고 묻는 아버지
초점 흐린 눈동자에 정지된 어느 젊은 날
앙상한 당신의 어깨, 하현달이 걸렸다

하나 둘 잊혀져가는 퇴화된 생각의 뼈
너저분한 방바닥엔 삶의 각질 수북한데
가끔씩 되살아나는 뉘우침이 환하다

동백

가지 끝
한번 피고
떨어져
다시 피는

백련사
동백처럼
그대를
사랑하는 일

천지를
활활 태워서
재가 되어도
좋겠네

빨래집게 생각

젖은 너를 안았을 때 꽃잎인 듯 행복했다
바람을 짚고 앉아 지워진 흔적 만지면
달빛에 부풀던 가슴 모든 것이 꿈이었다

한때는 네 모든 것 내 것인 줄 알았다
화르르 꽃불 타던 순간의 인연이지만
지금은 없는 네 향기 눈시울만 화농 짙다

붙잡고 있는다고 다 내 것 아니었다
때로는 놓아 줘야 되오는 부메랑처럼
끝 모를 슬픔이라도 이냥 너를 보낸다

버럭

한바탕 소나기가 지나가는 장마철
뒤집힌 흙과 돌들 생채기 드러내고
떨어진 잎사귀 하나 물 따라 달려가네

몸속에 수천 마리 갸릉 대는 고양이
갱년기 등줄기에 식은땀이 흐른다
한바탕 고함지르면 마음 골짝 맑아질까

시간은 속절없어 반생이 지나가고
그늠의 하늘에는 히현이 흘러가네
때 이른 못갖춘마디 여름밤의 아리아

상강霜降

사는 일 마뜩잖아
집 나서 걷는 들녘

가만히 따라오는
그림자,
발 시리다

바늘로
와서 꽂히는
뉘우침도 발이 희다.

애어리염낭거미

부들의 잎사귀에 집 짓고 울도 쌓고
제 몸을 먹이로 준 어미의 자식 사랑
가지 끝 흔들리는 집 글썽이는 생각 하나

호스로 미음 삼켜 뼈만 남은 울 엄마
찔레꽃 희던 웃음 느낌표가 너무 크다
낮달도 멈춘 시간 속 흐르는 마더 오버 마인*

*1972년에 발표한 Little Jimmy Osmond의 앨범에 실린 노래.

서리, 당신

얇은 잠 뒤척이는 추운 겨울 소한 새벽
두꺼운 슬픔 걸치고 마당에 나와 선다
푸드덕 가지 떠나는 새소리도 얼었다

마당에 발 내딛자 멀어지는 그림자
당신이 남기고 간 거짓말 사랑처럼
한줄기 햇살 내리면 사라질 그대 이름

보이지 않는다고 영영 간 건 아닐 거야
울타리에 내려앉은 차가운 말 한마디
쓸쓸한 뒷모습처럼 허공에 새겨진다

시월

구절초 강변 위로
날아가는 기러기 떼

날개 끝에 강물 적셔
산허리에 내려놓네

아직도 부치지 못한
젊은 날의 붉은 엽서

이맛돌

타닥타닥 마른 나무 제 몸을 다비茶毘한다
시뻘건 장작불이 빨려드는 고래 속
팔 벌려 들어온 불길 온몸으로 맞는다

바늘 꽂을 땅도 없던 소작농 내 아버지
비탈길 천수답을 지게에 올려놓고
일곱 명 식솔 이끌고 휘청휘청 걸어가던

오소리 새끼처럼 둘러앉은 아랫목
입동의 새문으로 들려오던 목소리
"야들아 인자 따시제?*" 명치끝이 아린다

*이제 따뜻하느냐?의 방언

빈 집

대들보 서까래에 젖은 이끼 피어나고
색 바랜 처마 끝엔 찬바람이 지나간다
오래도 비워놓은 집 생각은 먼 출타 중

가슴도 비워지면 빈집처럼 황량하여
온기는 하나 없고 몸과 맘 쇠락하다
그 누가 문 흔들어도 캄캄하게 갇혀있는

숭늉 끓이는 날

옹졸하고
따리 튼
내 속내
부끄러워

큰 냄비
하나 가득
숭늉을
끓인다 팔팔

난 과연
무슨 맛으로
우려질까
고민하며

손금의 침묵

움켜쥔 두 손을 활짝 펼쳐 봅니다
패어진 주름들이 수 갈래 피어나고
속내를 감추는 바닥 나만의 문양입니다

나무가 숨 쉰 자리 나이테로 말한다면
한 사람 꽃 진 자리 주름으로 말하나요
해마다 늘어나는 흔痕 침묵으로 안습니다

02 봄, #을 그리다

계단
봄, #을 그리다
고
동바리
비바체
별 그리고 별
조기
하지
염전 다시 읽다
달빛을 수선하다
못갖춘마디
버려진 신문지 한 장
달항아리
진달래
그리움을 덮다

계단

털수염 덥수룩한 한 사내가 붓을 들었다
어깨 위에 올려진 두 아이 대학 등록금
두려움 쓸어내리며 주먹 불끈 쥐어본다

천 길 외줄 끝에 질긴 목숨 걸어두면
아파트 넓은 벽체 화폭으로 다가온다
억센 붓 휘두르는 팔에 꿈틀대는 산과 들

아득한 현기증 끝 또 한발 오른 계단
퇴출의 뼈아픔을 넛칠로 지워내면
서천에 떠오른 낮달 낙관처럼 울컥 붉다

봄, #을 그리다

죽은 듯 움츠렸던 나무들의 힘찬 반란
꿈틀대는 붉은 수액 허공 향해 발 내딛고
봄, 봄, 봄, 대지의 가슴 반올림이 시작됐다

대나무 우듬지로 굴뚝새 날아가고
까치발 목련나무 종아리가 푸르다
저마다 꿈꾸는 내일, # 하나 새기는 봄

벤치 위 드러누운 사내의 꿈속에도
화사한 봄빛깔이 수채화로 펼쳐질까
물안개 피어오르는 봄날의 호수처럼

고
–매듭

단단히
꽉 묶어야
하늘을 날 수 있지

새처럼
날개 달고
줄 타는 간판쟁이

죽어도
놓지 못하네
마지막 밥줄
저 매듭

동바리

지지대에 한 올 한 올 감아올린 팔과 다리
나팔꽃은 대나무에 대나무는 나팔꽃에
서로를 껴안아 주며 피워 올린 지극 사랑

생각이 길을 잃어 허공을 손짓하던
검버섯 꽃처럼 핀 팔순의 어머니를
아버진 시린 손잡고 귀밑머리 넘겨줬지

아버지 어깨 위로 살포시 피어나던
처녀 적 웃음처럼 수줍던 붉은 귓불
엄마는 행복했을까 먼 옛날 그때처럼

비바체vivace

타다닥 클릭하자 번개같이 날아간 메일
우표도 집배원도 제 목소리 잃어버린
위태한 지면과 펜촉 벼랑 끝에 서 있다

비창의 3악장처럼 걷고 있는 그대와 나
느낌표 사라진 가슴 시오리 자갈밭이다
바쁘게 가던 걸음 멈춰 물소리에 귀를 연다

별 그리고 별

스크럼 짠 들풀 틈새 얼굴 내민 작은 별꽃
돌돌 말린 생각 풀자 밭둑이 환해진다
저 혼자 외진 귀퉁이 은하처럼 감싸 안고

근거 없는 헛소문에 잠 못 들고 뒤척인 날
한 송이 풀꽃 앞에서 얼굴이 붉어진다
눈과 귀 에둘러 막고 말없는 꽃잎처럼

밟혀도 허리 펴고 흔들려도 곧게 서야지
질척이는 시간 밖 가볍게 걷는 들길
고요한 들꽃 속울음 물이 괴는 마음 언저리

조기

도마 위에 누운 조기 손질하던 아침나절
"에미야 별일 없제?" 어머니 잠긴 목소리
꿈에서 이가 툭, 빠져 날이 밝길 기다렸다는

십육 문 검정 고무신 밑창이 다 닳도록
푸성귀 장에 팔아 사오시던 새끼 조기
어쩌면 나는 아직도 당신의 아픈 생채기

손에 묻은 비늘 위로 파도 소리 철썩인다
아직도 놓지 못한 생인 손 나를 위해
날마다 소지 올리는 주름진 기도 하나

하지

일 년 중 가장 긴 낮
내 다리도 길어진다

강가의 버들처럼
고라니 붉은 울음,

오늘은 팔베개하고
구름이나 희롱할까

염전鹽田, 다시 읽다

복날 무렵 텔레비전 때 아닌 눈꽃 피어
새벽부터 저녁까지 대파* 밀고 살았다는
사내가 끌고 온 바다 절망마저 하얗다

절뚝이며 흘린 땀에 바닷물이 싱겁다며
미라처럼 감싼 몸이 제 그림자 끌고 가면
파도가 읽다가 덮은 소금밭도 경전經典이다

슬픔도 간이 배면 벼린 각을 세우는지
노을빛이 약손처럼 물의 뼈를 깎는 저녁
수평선, 제 팔을 베고 스르륵 잠이 든다

*염전에서 사용하는 밀대

달빛을 수선하다

경주역 한 구석에 길을 꿰는 손이 있다
혀를 빼문 신발들의 하소연을 듣다가
본드와 구두약 발라 벌어진 틈 메워주는

먼 길 떠난 아내 자리 채워주는 어머니의
흥얼대던 유행가가 갈수록 흐려져도
뼛속에 감춘 집 한 채 밤을 밝혀 깁는다

또다시 태어나면 새처럼 날고 싶어
침 뱉어 바른 구두 희망으로 닦고 나면
코끝에 반달로 뜨는 딸아이 웃음소리

못갖춘마디

레슨비 봉투 속에 동전과 낡은 지폐
탄태이* 자박자박 걸어온 길 들어있다
이국땅 외로움들은 웃음으로 떨쳐내고

어눌한 한국말로 건네주는 작은 정성
식당일로 갈라진 손 스물일곱 꿈이 녹아
그녀의 수국 같은 미소 엄마라는 이름이다

어린 콩잎 장에 팔아 육성회비 건네주던
울 엄마 피맺힌 물집 뼈 이린 기억 같은,
다 주고 못 다 준 하나 아파하던 먼 당신

*결혼해서 한국에 온 베트남 여자

버려진 신문지 한 장

황성공원 벤치 위에 헌 신문지 누워 있다
지난 밤 한 사내가 두고 간 종이 이불
얼룩진 눈물 자국들 개미들이 덮는다

울분에 만취한 술 운전면허 백지 되고
행여나 광고지 속 보석 하나 캐내 볼까
두 눈을 부릅떴지만 엇나가는 스펙들

달항아리

설익은 너와 내가 한 몸으로 만났었지
꽃 피고 별이 뜨고 가슴에 새긴 달빛
한 그루 연리지처럼 울음 지문 빼곡하다

가슴에 실금이나 마침표 그리지만
아프게 사랑한 일 생리혈처럼 번져나가
눈물로 반죽한 시간 붉게 우려 품은 너

진달래
–촛불 집회를 보며

캄캄한
광장 위로
무더기 핀
붉은 말들

흔들리는 촛불 아래
온몸으로 노래하는

단단한
세상 틈새로
피어나는
핏빛 4월

그리움을 덮다

태엽을 되감으면 먼 엄마 오실까
침대 위 펼쳐있는 때 묻은 이불 한 채
맨살에 감기는 손길 낡지 않는 그리움

따순 볕 등에 지면 품처럼 포근해져
별이 된 지 너무 오래 슬픔도 멍이 든다
올마다 앙다문 미소 양수처럼 따뜻해서

해지고 구멍이나 당신 닮은 저 모습
자마 못 버리고 껴안고 볼 비빈다
죽어도 못 잊을 당신 가슴 아린 첫 사랑

03 고요,를 보다

결

달빛 길어 올리기

고요,를 보다

물의 마음

능소화

天馬, 다시 날다

청동 숟가락

베토벤을 듣다

합장

지지 않는 꽃

여운

못 버린 신발 한 켤레

댓돌

고전을 읽다

시간을 건너온 배

곁

고딕체로 인쇄된
글자에도 피가 돌아

만질 수는 없지만
발끝까지 따뜻하다

절망도 꽃으로 피운
햇살 같은
　너
　처
　럼

달빛 길어 올리기

바람마저 돌아누운 달빛 아래 한지를 뜬다
고마운 천형天刑처럼 물질하는 늙은 손이
물속에 내려앉은 달, 달의 속살 건져낸다

백번을 흔들어야 항복하는 닥의 껍질,
아린 숨결 본떠내고 별빛 고이 아로새겨
하얗게 거듭난 한지, 숨소리가 따뜻하다

얇고도 질긴 근성은 민초의 마음일까
바람의 웃음마저 곱게 다져 걸러내면
어디서 묵란墨蘭 한 송이 꽃피는 소리 들린다

고요,를 보다

돌중의 돌 경주 남석南石 호명을 듣지 못해
박물관 뜰 서성이다 나도 몰래 멈춰 선다
변방에 비켜 서 있는 목 없는 부처 앞에

한쪽 팔은 달을 줬나, 다리마저 잃은 채
물어도 대답 없다 척추만 곧게 펼 뿐
중심은 멀리 있어도 고뇌는 하늘인가

유채꽃 환하게 핀 낡처 들녁 바라보며
있음이 없음이고 없음이 있음이라
구름을 머리에 얹고 묵언수행 고요하다

물의 마음

생각도 길을 잃어 제자리만 헛도는 날
용담정* 계곡에 가 물소리를 읽는다
수면을 타고 흐르는 바람결에 발 담그고

겨울은 저리 먼데 가슴 미리 한기 들어
'민심이 천심이라'는 말씀 듣지 못해도
가야 할 제 길을 찾는 몸부림이 차갑다

한 시대의 변방에서 하늘소리 미리 들어
산과 들, 사람 모두 한달음에 손잡게 하고
스스로 몸을 낮추는 풀빛 새벽이 환하다

*최제우가 구도를 한 천교도의 성지

능소화

어디쯤 그대 오실까
담장 너머 서성이다

하루 이틀 사흘
붉어지는 마음이여

꿈엔 듯 발걸음 소리
목을 빼고 내다보는

천마天馬, 다시 날다

이팝꽃 흰 눈처럼 흩뿌리는 봉분위로
깊은 잠 다시 깨워 천년을 건너온다
허공을 박차 오르는 무덤속의 저 백마白馬

동면의 어둔 가슴 창 열고 나온 아침
젖은 몸 등 떠밀어 천마총에 앉혔더니
뼈마디 숨겨둔 웅비雄飛 봄 하늘을 다시 난다

합장

낭산의 고운 자태 하얀 손 모아 잡네
꼭 감은 눈 속으로 기러기 날아가고
가을은 저리도 붉어 젖은 옷섶 헤집는데

서라벌 마을마다 피어나는 저녁연기
하마나 오지 않는 먼 그림자 그리면
모아진 손바닥 위로 흘러가는 옛 다정多情

지지 않는 꽃

—위안부 정옥순 할머니

흙 묻은 군홧발에 모가지 뚝, 떨군 꽃잎
피 흘리는 아픔은 온 산하山河 물들이고
열세 살 소녀 붉은 꿈 무참히 난자당해

이 세상 슬픈 말들 다 불러 앉혀 봐도
온몸에 새겨진 문신 지울 수 없었다
죽어도 죽을 수 없는 잃어버린 칠십 년

여운餘韻

쿨럭이던
바람의 기침
달빛이
잠재울 때

숨어 있던
내 영혼의
은빛 현絃을
건드렸나

차창에
스치고 가는
별똥별 그
옛사랑

못 버린 신발 한 켤레
–이산가족 이순규 할머니

난 빛 공단 치마 곱게 입은 할머니
열아홉 꽃 같은 나이, 열흘이 육십 년이라
못 버린 신발 한 켤레 주인 찾아 길 나선다

한 송이 꽃 새색시는 여든 넷 은발 머리
야속한 시절 넘어 아린 상봉 눈물 되어
첫마디 "고맙습니다 살아서 만나다니"

열두 시간 짧은 만남 기약 없는 긴 이별
쓰다듬고 포옹하고 손잡고 만져보지만
살아선 다시 못 볼 이녘 피눈물로 볼 비빈다

유리창 사이 두고 포개보는 주름진 손
팔순 넘은 신발 주인 마지막 사랑 고백
"당신만 기억돼 있어 내 머릿속엔 언제나"

댓돌
–권정생 살던 집

울도 담도 없는 마당 질경이가 마중 한다
바람이 빗장을 건 문설주에 기대면
쓸쓸한 댓돌 위에는 주인 잃은 고무신

강아지 똥은 알거야 몽실 언니 피 눈물
원고지 행간마다 패랭이꽃 가득 피워
하늘로 피어오르는 해맑은 동심 하나

고전을 읽다

초록빛 펼쳐놓은 오래된 책 속으로
발걸음 옮길 때면 풀 내음도 따라온다
눈과 귀 더듬이 되어 옛 서라벌 넘겨보며

골마다 깊이 배인 설잠雪岑의 거친 숨결
금호신화 책장마다 피어나는 옛 향기
흐려진 눈 닦아내고 남산을 읽어본다

산과 바위 계곡마다 목 없는 부처님의
주름진 옷자락에 낮달이 수놓으면
그윽한 미소사이로 천년이 흘러간다

시간을 건너온 배

—월지月地에서

진흙 속 잠에서 깬 신라의 목선 한 척
정한情恨처럼 출렁대는 물의 지문 더듬으며
세상에 한 발을 빼고 하명下命을 기다린다

뱃머리를 돌려봐도 꽃신은 간데없고
목석되어 비켜 앉아 귀 세운 천년 아침
궐문은 언제 열리나 젖은 발이 시리다

가만히 눈감으면 삐걱삐걱 노 젓는 소리
그 옛날 부신 갈채 연잎 아래 묻어두고
한 마리 원앙을 불러 잃은 꿈을 깨운다

04 질경이 꽃대처럼

저물녘 소나타

회상

우려내다

막장드라마를 보다

가족사진

질경이

데칼코마니

고장 난 밤夜

끝끝내

황제펭귄

덤

만화경을 읽다

날개

느티 그늘

퍼즐

저물녘 소나타

빈 유모차 손에 잡고 길을 끄는 할머니
파도를 가르면서 저문 바다 헤엄친다
해종일 핏줄 그리워 퍼덕이는 지느러미

주인도 자전거도 녹이 슨 시간 뒤로
이층 원룸 할아버지 친구 찾아 길 나서나
아무도 찾는 이 없는 또 다른 섬을 향해

나이가 든다는 건 저마다 섬이 되는 것
발길 드문 고기떼를 한없이 기다리는
오선지 넓은 바다를 끌고 가는 저물녘

회상

주인 없는
빈 의자에
바람 혼자
앉아 있다

따뜻했던
당신 품 속
흙 향기
가득했던

난 아직
아니 보냈는데
가슴에
살아 있는데

우려내다

양은 냄비 한 가득 다시물을 끓인다
허옇게 마른 멸치 뼛속까지 토해 내면
한 생애 오롯이 녹여 육수로 환생하는

오랜 시간 우려낸 멸치의 살신성인
나의 시詩도 끓이면 한 사발 진국 될까
원고지 빈 행간마다 마른 허기 적셔줄까

막장 드라마를 보다

1.
어제는 사랑한다 오늘은 헤어지자
앞에선 웃음 짓고 뒤에선 칼을 꽂고
배신과 불륜은 기본 욕하면서 눈 못 떼는

2.
사는 게 그런 거지 사랑하고 헤어지고
웃다가 또 울다가 오늘은 적 내일은 친구
어느새 막장드라마 주인공이 되어있는

가족사진

십장생 병풍 앞에 모처럼 함께 만난
아들 딸 손자 손녀 들국처럼 앉혀놓고
사진 속 새하얀 박꽃, 환하게 핀 어머니

손에 든 카네이션 묘 앞에 올려두고
당신만 생각하면 온 몸은 이내 젖어
그리움 홍역 같아라 때때로 울컥하여

마르고 늘어져도 푸근했던 젖가슴
이제는 영영 못 올 생전의 한 순간을
정지된 시간 속에서 김치!하며 서로 웃는

질경이

주차장 갓 길 틈새 담장 없는 집 안주인
움켜쥐고 힘껏 당겨도 꿈쩍하지 않는다
밟혀도 다시 일어서 꿋꿋하게 살아가는

가녀린 풀잎처럼 흔들리던 지난 날
등 붙일 집 한 채 없어 아이업고 출근하던
구석진 빈 의자 앉아 불은 젖 먹이던 여자

뽑히지 않으려고 안간힘 쓰는 계약직 삶
멱살 잡고 흔들던 손 슬그머니 놓는다
그렇지, 살아내야지 질긴 꽃대 올리며

데칼코마니

너에게서 내안에 감춘
전의戰意를 되읽는다

지난날 나의 꿈도
활활 타는 불꽃이었지

무섭게
나를 미행한
고샅길도 함께 읽는다

고장 난 밤夜

물 같은 소주 몇 잔에 불꽃처럼 부푼 가슴
이성은 어디 숨고 감정만 수위를 넘어
제 갈길 기억 못하는 자아들이 고장이다

내 안의 상처 몇 개 토악질로 뱉어내면
앙상하게 시린 가슴 달빛이 덮어줄까
회색빛 고장 난 밤이 벚꽃처럼 환해질까

끝끝내

손 놓은 그날까지도 말하지 못했습니다
당신이란 사람은 공기인 줄 알았습니다
만져도 형체가 없는 그림잔 줄 알았습니다

무덤 앞에 무더기 핀 구절초 꺾어다가
무릎 꿇고 올립니다 소쩍새 저리 울고
끝끝내 하지 못한 말, 사랑했습니다 엄마!

황제 펭귄

얼어붙은 남극 해안 아찔한 벼랑위에
온 몸으로 알을 품어 칼바람 안고 선 펭귄
허기진 단전아래는 꿈꾸는 어린 생명

발 떼면 부서질까 앉으면 뭉개질까
빙하가 떠다니는 세상의 절벽 앞에
아버지 그 이름으로 눈부시게 서 있다

덤

행여나
시가 될까
바람이
흘린 말들

유월의
논둑길을
눈 씻고
걷는 오후

달개비
손 흔드는데
직박구리
우는데

만화경을 읽다

윤슬*이 찰방이던 곳 희망도 솟구쳤다
인화된 워낭소리 흑백으로 들려오고
시간은 잠들었어도 멈춤 없는 물의 말

막차 버스 내려서면 반기던 달맞이꽃
밤하늘 쏟아지던 은하수 뭇 잔별들
어머니 산모롱이 길 한 달음에 마중 왔지

사람은 떠났어도 발자취는 심장에 남아
눈 감으면 아득한 날 화첩으로 펼쳐진다
둑방길 무성영화 한 편 뜨겁게 상영 중이다

*달빛이나 햇빛에 비치어 반짝이는 잔물결

날개

깃털 하나 없는 펜이 꿈꾸는 푸른 창공
자음으로 뼈 만들고 모음으로 살을 채워
바람의 작은 부리로 쪼아보는 시어詩語들

막막한 행간 사이 미지의 세계 향해
태평양을 날고 싶은 한 마리 알바트로스
밤새워 퍼덕여 본다 시퍼런 언어 찾아

느티 그늘

느티는 그늘장수
날마다 그늘을 파네

찾아오는 사람들도
어슬렁 고양이도

시원한
그늘 한 사발
공짜로 나눠주네

퍼즐

퍼즐로 꽃 피우는 반 고흐의 해바라기
조각들이 만날 때면 숨소리 따뜻하다
밤새워 맞춘 귀퉁이 화들짝 피는 꽃잎

천 개의 그림 조각 이리저리 맞추면
소란하던 내 일상도 잠시나마 고요하다
마음이 가라앉으면 다시 길을 잃고마는

하루라는 시간 모여 삶의 퍼즐 만들 텐데
군데군데 어긋난 편린들이 저리 시려
정답은 알 수 없는가 첩첩 쌓인 물음표

05 오답노트를 적다

슬픔 꽃
부록에 대한 예의
연인
저승꽃
쑥부쟁이, 너
공벌레
새삼
휴전선
가분수 집
어떤 인어
입춘, 음악회
발바닥 낙관
똥, 자화상
우리는 하나
오답노트

슬픔, 꽃

마스카라, 붉은 입술, 찰랑대는 헤어보톡스
시폰치마 하늘거리며 캐리어 끌고 가는
그녀의 여행 목적지는 대학병원 암센터

가발 벗고 환자복 입자 애처로운 동자승
체념도 사치일까 웃음으로 닦아내고
손거울 들여다보며 볼우물에 담는 내일

"세상에서 지워지는 일 죽음보다 두려워"
아픔도 숨 쉬는 자의 귀한 특권이라며
슬픔을 꼭 껴안으며 꽃 속으로 걸어간다

부록에 대한 예의

평지 같은 산길 오르는 천둥 같은 숨소리
한 순간도 절망이지 아닌 때가 없었다
슬픔을 뒤로 미룬 채 잠시 오른 등산 길

암 선고 진단 후에 덤으로 얻은 시간
살아낼 시간들이 아직은 더 많은 그녀
맞은 편 봉우리 위로 새처럼 날아간다

연인

마지막
속옷까지
다 벗은 여인처럼

넌, 한 가닥 실오라기도 허용하지 않는다

밤마다
나체가 되어
한 줄의 시詩
네 앞에 선

저승꽃

발신인 표시 없는 짙은 갈색 편지 한 통
수취인 거부 반응 아랑곳 하지 않고
언제쯤 배달되었나 시간을 봉인해둔

행간마다 박힌 사연 지난날의 돋을새김
향기도 나지 않고 수액도 말라버린
검은 꽃 타임캡슐을 무심히 읽어 본다

흘러간 시간 위에 두서 없이 써 내려간
젖은 편지 모서리로 걸어오는 한 여자
어느새 점점이 박힌 꽃잎 사뿐 밟으며

쑥부쟁이, 너

추억을 거스르면
겨울도 봄이어라

지울 만큼 지워내도
내 안에 남겨진 너

가만히
몰래 꺼내어
적어보는 이름아

공벌레

지하철역 한쪽 모퉁이 몸 말고 있는 여자
그녀는 매일매일 조금씩 둥글어 졌다
머리맡 빈소쿠리를 화인火印처럼 놓아 둔 채

수많은 발자국들 왔다가 흩어지고
온종일 찬바람에 얼어붙은 머리카락
무심히 지나는 눈빛 외면들만 담긴다

멀찌감치 스쳐가는 무표정의 사람들
초라한 실루엣은 바닥으로 스며들고
슬픔*이 허릴 구부려 긴 슬픔을 낳는 저녁

*고흐의 그림 [슬픔]에서

새삼

이른 새벽
새소리 문자
친구가 별이 됐단다

아찔한
현기증에
남은 내일 헤아린다

날마다
소멸되지만
가늠 못하는
너, 시간

휴전선

언제쯤 깊은 잠 속

새처럼 날아 볼까?

철책 선 사이 두고

허리 잘린 봄 햇살

"아이야 미안하구나"

무거운 숙제 얹어 줘서

가분수 집*

한 치라도 커다란 방 아이에게 주고 싶어
가없는 부모 마음 지느러미 달았다
한 뼘 더 넓혀 쌓은 벽돌 온기가 피어난다

큰 놈은 밥상에서 작은 놈은 엎드려서
삼십 촉 백열등 아래 숙제하는 방안 풍경
한 마리 물고기 되어 벼랑 위를 헤엄친다

*부산 사하구 감천문화마을에 있는 집으로 1층보다 더 넓게 2층을 올렸다.

어떤 인어

아랫도리 고무외투 껴입은 젊은 사내
번잡한 시장 바닥 배밀이로 가고 있다
땅 위를 헤엄쳐가는 한 생애가 시리다

흘깃흘깃 훔쳐보는 사람들의 검은 시선
아랑곳 하지 않고 온 몸을 퍼덕인다
다 닳은 지느러미로 거센 파도 헤쳐 가는

등짝엔 눈물 같은 진눈깨비 나부끼고
둘둘 말린 가랑이 속 구겨 넣은 격랑의 삶
동짓날 도심 바다를 오체투지 건너간다

입춘, 음악회

삼월의
연두빛 소리
세레나데로
오는 봄

터지는
매화 입술
스타카토로
연주하면

산기슭
변산바람꽃
합창하며
걸어오고

발바닥 낙관

–석창우*

소리 없이 삼킨 울음 붓이 대신 걸어가네
어둠으로 꽉 찬 시간 설움 섞어 품었던 꿈
한 남자, 버려진 뒤에 되살아난 불꽃이네

훨훨 나는 새에게도 날개 꺾인 아픔 있듯
혼신으로 선을 그어 먹의 겸손 받드는 이
쓴 눈물 입술 깨 물은 피맺힌 발자국이네

토르소, 제 가지를 잘라낸 나무처럼
세상을 몸 하나로 정직하게 견뎌내는
다 해진 저 신발로도 하늘 고개 넘겠네

*감전사고로 두 팔을 잃은 동양화가

똥, 자화상

내 안에서 억지로
밖으로 밀려 나온

지독히 구린 악취
이것이 나란 말야?

언젠간
꽃 피우리라
하얀 백합 한 송이

우리는 하나

프랑스 리옹역 한켠 입을 연 검정 피아노
누구든 다가앉아 건반을 두드리면
창공에 울려 퍼지는 그 목소리 우렁차서

자전거 뒷바퀴에 태극기 매단 청년
가던 길 잠시 멈춰 렛잇비* 연주하자
광장을 울리는 선율 풀꽃들도 눈을 뜬다

지나던 흑인 여대생과 연탄곡 그리고 합창
희고 검고 붉은 얼굴 활짝 핀 버베나꽃
모두들 하나가 된다 에펠탑도 어깨춤을

*비틀즈의 12번째 앨범

오답노트

바르게 걸어왔는지 기억나지 않아요
넘어지고 절룩이며 정답 찾아 헤매었던
상처 난 시간의 꽃잎 햇살 한 줌 올려요

태풍을 안고나면 절벽이 앞을 막고
잘못 쌓은 돌 하나가 돌탑을 무너뜨리듯
빛바랜 일기장 속엔 오답의 각질 빼곡해요

천 갈래 만 갈래로 엉켰던 생각 실타래
아무도 모르는 답 사전에도 없는 해답
제각각 얼굴 다르듯 삶의 정답 다른가 봐요

길 잃고 피 흘렸던 세상의 모퉁이 돌아
걸어온 내 발자국 어설픈 오답이지만
숨겨 둔 낡은 꿈 하나 등피처럼 닦아요

06 작품해설

시대에 대한 진단과 견성見性에 이르는 길

/민병도

시대에 대한 진단과
견성見性에 이르는 길

민 병 도 | 시인 · 한국시조시인협회 이사장

1

700년의 민족시를 자랑하는 이 땅에 서구의 자유시가 도입된 지도 100년이 넘었다. 그 동안 농경문화에 길들어 왔던 우리에게 전기의 발명으로 상징되는 산업혁명의 위세에 함께 묻어 들어온 이 서구시의 편리함은 순식간에 민족시의 오랜 전통을 외면하는 결과를 빚었다. 민족시의 본류를 이끌어온 시조를 주변문학의 자리로 몰아내고 만 것이다.

하지만 유구한 역사적 성취를 돌아볼 때 우리가 항상 그 생명력을 온전히 지켜낸 이면에는 반드시 일정한 질서가 작용하고 있었음을 보아왔다. 그리고 그 어떤 질서라도 온전히 유지되기 위해서는 또 그에 합당한 대가지불이 필요하다는 사실도 보아온 터다. 우리가 흔히 자유롭다고 느끼는 자연부터 철저한 질서 안에서 변화를 거듭하고 있다는 점이 그것을 말해준다. 결국 우리가 갈구하는 '무한 자유'란 인간이 가지는 욕구의 범주를 넘어서지 못하는 작은 물결일 뿐이다.

시조를 대신한 자유시 또한 몇 차례의 변모를 거듭하면서 엄청나게 많은 시인과 작품을 양산하였지만 유구한 민족사적 가치에 부합하는 대안으로 자리매김하는 데는 미치지 못하고 있다. 지나치게 표현주의적으로 사상과 철학을 외면하거나 산문화 경향으로 시의 위의를 지켜내지 못하고 있다는 우려를 듣고 있기 때문이다.

글로벌시대라는 작금의 시대상황은 세계적 현상과 관심사가 동시간적으로 인지되고 대비하기 마련이다. 그러므로 자신과 관련된 이해관계를 산정할 때 세계적으로도 단일한 잣대로 평가하고 의미 짓기 마련이다. 소위 국가적 브랜드가치가 떨어지면 선택받을 수 없는, 무한정의 정보화 시대라는 점이다. 하물며 인간의 형이상학적 가치를 구현해온 문학과 같은 예술의 경우야 더 말해 무엇 하겠는가.

그렇다면 그 같은 시대적 부침을 겪어온 시조의 현주소는 어디인가. 한마디로 정체성의 훼손이라는 진단을 피할 수가 없다. 물론 자유시가 끼친 영향이 가장 크다 하겠다. 자유시를 따라 지나치게 길어져서 시조 특유의 정제미를 잃었고 자유시의 배행을 좇다 기본적 질서인 3장마저도 훼손하기에 이르렀다. 새로운 시도라는 미명아래 즐겨 자유시의 외형을 취하였고 이미지즘을 따르다 민족정신을 놓치고 말았다.

그런데 아이러니 하게도 요즈음 시조에게 희망을 부여해준 곳 또한 자유시라는 점은 시사하는 바가 크다. 자유시로서 일정한 성과를 자처하던 많은 시인들이 시조를 쓰기 시작했다는 점이다. 다투어 시조집을 내고 스슴치 않고 시조창작의 필연성을 주장하고 있다는 점이다. 문제의 열쇄는 그들이 시조를 쓴다는 데 있는 것이 아니라 100년 동안 거둔 자유시가 극복의 대상에 올라있다는 점이다. 그들이 왜 굳이 자유시로서의 성과에 비해 불리하기 그지없는 시조에 관심을 돌렸을까. 과연 그들을 시조의 매력에 빠지게 한 요인은 무엇일까.

우선 꼽을 수 있는 것은 시조의 정형성일 것이다. 자유시에서의 자유가 '무절제'로 읽혀지는 상황에서 보면 정형성은 분명 감내할만한 값어치가 있는 신뢰의 질서에 해당된다. 그 다음의 매력은 아마도 전통적 사상 가치를 담아내는 데 길들여진 우리말의 아름다운 그릇이라는 점일 것이다. 그리고 마지막으로 800년이 넘는 긴 시간동안 민족의 정신으로 검증되어온 체험의 질서라는 믿음 또한 자극제가 되지 않았을까.

2

첫 시조집에 붙이는 작품해설에 이렇게 긴 사족을 붙이는 까닭은 바로 이 정형성과 정제미로 요약되는 표현의 적정성, 그리고 우리말의 효율성 등 시조를 가늠할 기본 잣대로 활용하고자 함에서다. 거기에서 '왜 시조인가?'라는 질문에 대한 대답이 나올 것이기 때문이다.

이제 오은주의 첫 시조집 『달빛 길어 올리기』를 대하면서 수없이 자문하고 자답하여 선택한 '왜 시조가 아니면 안 되었는가?'에 대한 대답을 찾아보고자 한다. 전체적으로 일별해본 이번 시조집에서의 느낌은 여느 신인에게서 보기 어려운 안정감과 사고의 깊이, 그리고 형식을 다루는 어휘의 남다른 구사능력을 보여주고 있다는 점에서 주목하지 않을 수 없었다. 아마도 그것은 자유시와 수필로 다져진 오랜 습작기의 정서적 건강성과 시조에 대한 올바른 이해와 체험적 사유의 집적에서 오는 결과로 읽혀진다.

전체 5부로 나눈 지은이의 의도와는 상관없이 시인의 시적 역량을 이해하는데 효과적인 작품들을 중심으로 읽어 보았다.

바람마저 돌아누운 달빛 아래 한지를 뜬다

고마운 천형天刑처럼 물질하는 늙은 손이
물속에 내려앉은 달, 달의 속살 건져낸다

백번을 흔들어야 항복하는 닥의 껍질,
아린 숨결 본떠내고 별빛 고이 아로새겨
하얗게 거듭난 한지, 숨소리가 따뜻하다

얇고도 질긴 근성은 민초의 마음일까
바람의 웃음마저 곱게 다져 걸러내면
어디서 묵란墨蘭 한 송이 꽃피는 소리 들린다
—「달빛 길어 올리기」 전문

이 작품은 오은주의 등단 작품인데 신인의 작품으로서는 상당한 역량을 가늠케 하는 수작이다. 소재는 전통방식의 한지 뜨기인데 '물질하는 늙은 손'으로 보아 간접 체험을 형상화 한 것으로 보인다. 물론 한지 뜨기 기술은 전문 장인들의 전유물이기 때문에 일시적으로는 접근할 수 없는 영역이기도 하다. 그런데 곁눈질해서 본 간접체험만으로 이같이 한지의 배면에 깔린 민족의 섬세한 정서마저도 놓치지 않고 건져내어 명편을 만들었다는 것은 예사로운 관찰력이 아니다.

첫 수에서는 '물속에 내려앉은 달, 달의 속살 건져'내는 '늙은 손'이 떠내는 한지 뜨기의 현장이 흑백사진처럼 펼쳐져 있다. 늦은 밤 달빛 아래에서도 떠내야하는 한지작업의 고된 노동을 배경으로 '달의 속살'을 건져내는 장인의 거룩한 손이 독자들의 감성을 자극한다.

둘째 수에서는 '백번을 흔들어야 항복하는 닥의 껍질'로 만들어내는 힘겨운 과정에도 불구하고 '숨소리가 따뜻한' '하얗게 거듭난 한지'가 일궈낸 성취에 외경감을 보내고 있다. 그런데 셋째 수에 오면 그 한지의 '얇고도 질긴 근성'에는 '민초의 마음'이 서려 있다는 것을 깨닫게 되고 그 한지 위에 선비가 그리는 묵난의 '꽃피는 소리'를 듣는다. 상상력의 힘이 극대화된 장면이 아닐 수 없다. '얇고도 질긴' 민초의 근성으로 만들어내는 것이 한지라지만 그 위에 꽃 피는 묵난 한 송이 그려내어 역사성의 끝과 끝을 이어낸 화해의 발견 또한 놀랍다.

닥나무 껍질을 수십, 수백 번씩 두들겨서 형태를 뭉갠 다음 손에 잡히지 않는 달빛의 반열에 놓아서 건져 올린다는 기발한 발상의 이 '달빛'은 그러나 다음의 「달빛을 수선하다」로 이어진다.

> 경주역 한 구석에 길을 꿰는 손이 있다
> 혀를 빼문 신발들의 하소연을 듣다가
> 본드와 구두약 발라 벌어진 틈 메워주는
>
> 먼 길 떠난 아내 자리 채워주는 어머니의
> 흥얼대던 유행가가 갈수록 흐려져도
> 뼛속에 감춘 집 한 채 밤을 밝혀 깁는다
>
> 또다시 태어나면 새처럼 날고 싶어
> 침 뱉어 바른 구두 희망으로 닦고 나면
> 코끝에 반달로 뜨는 딸아이 웃음소리
>
> —「달빛을 수선하다」 전문

하지만 이 작품은 보다 현실적인 삶의 현장을 그리고 있다. 앞에서의 달빛이 민족적 서정에서 비롯한 은근과 멋을 표현할 의도였다면 여기서의 달빛은 한계와

기다림, 결핍 앞에 놓인 희망의 상징으로 차용되었다. 물론 소재에 있어서 앞의 작품이 한지를 떠내는 장인에 포커스를 맞추었다면 「달빛을 수선하다」는 구두닦이의 애환에 초점을 맞추었다는 점에서 보다 더 현실적인 오은주식 세상읽기라 하겠다.

이 작품의 현장은 한 남자가 구두를 닦고 있는 경주역사 한 구석이다. 첫 수는 '혀를 빼문 신발들의 하소연을' 들으면서 '본드와 구두약 발라 벌어진 틈 메워주는' 현장모습이 적나라하게 그려져 있다. 그런데 화자의 눈에는 그 구두 닦는 일이 삶의 길을 꿰는 노역으로 보였던 것이다. 둘째 수에 오면 그 고독한 구두닦이의 정체가 드러난다. '먼 길 떠난 아내 자리 채워주는 어머니'와 함께 살아가는 기구한 한 운명체가 나타나기 때문이다. 여기서도 여전히 그에게서 느끼는 희망, 즉 '뼛속에 감춘 집 한 채'를 위하여 밤늦도록 자리를 떠나지 못하는 진정성이 그려지고 있다.

그리고 그 희망이 셋째 수에 오면 보다 더 구체적으로 나타난다. 지금의 현실을 부정하기보다 '또 다시 태어나면 새처럼 날고 싶'은 지극히 소박한 정신의 주인공에게 받는 메시지가 '코끝의 반달로 뜨는 딸아이 웃음소리'와 맞물려 독자의 감성을 섬세하게 자극해준다.

「달빛 길어 올리기」에서 한지장인을 관찰하고 「달빛을 수선하다」에서 구두닦이를 살피는 일련의 행위는 결국 자신의 내면을 확장하기 위한 수단의 하나로 읽혀진다. 이 같은 맥락에서 자연스레 최제우 같은 역사적 실존 인물도 놓이게 된다.

생각도 길을 잃어 제자리만 헛도는 날

용담정* 계곡에 가 물소리를 읽는다
수면을 타고 흐르는 바람결에 발 담그고

겨울은 저리 먼데 가슴 미리 한기 들어
'민심이 천심이라'는 말씀 듣지 못해도
가야 할 제 길을 찾는 몸부림이 차갑다

한 시대의 변방에서 하늘소리 미리 들어
산과 들, 사람 모두 한달음에 손잡게 하고
스스로 몸을 낮추는 풀빛 새벽이 환하다

*최제우가 구도를 한 천교도의 성지

–「물의 마음」 전문

이 작품은 동학의 창시자 최제우가 득도를 이룬 용담정 현장을 답사하고 얻은 역사인물 읽기에 해당된다. 최제우는 본명이 복술福述로 어리석은 세상 사람들을 구제하겠다는 결심의 표시로 제우濟愚로 고쳤다 한다. 일찍이 어머니를 여의고 17세 때에는 아버지마저 잃은 그는 세상을 떠돌다가 36세때 고향 경주로 돌아와 용담계곡에서 도를 구하고 마침내 시천주侍天主, 즉 "사람마다 마음속에 한울님을 모셨다"는 깨달음을 얻게 된다. 이 시천주는 곧 '평등'이라 하겠는데 여기서 민중을 위해 가사체로의 〈용담유사〉를 쓰게 되는데 〈동경대전〉과 함께 동학의 기본 경전이 되었다.

이 '평등'을 깨닫게 해준 용담계곡에서 시인은 지금 최제우가 가졌던 물음과 대답 사이를 오롯이 거닐어본 것이다. 그리고 첫 수에서 밝힌 바대로 '생각도 길을 잃어 제자리만 헛도는 날'에 그 시천주를 깨닫게 해준 물소리를 읽고 있다. 듣기만 하면 이내 소리가 사라질지 몰라 시각, 지각, 청각을 모두 동원하여 읽으면서 '민심은 천심이라'는 깨달음의 근원에 이르고자 긴장을 높이지만 어디 그것이 범인의 몫이랴.

하지만 시적 화자는 이렇게 물러설 수는 없었다. 체면을 걸어본다. 물에게도 풀에게도 그리고 자신에게도. 그리하여 '한 시대의 변방에서 하늘소리 미리 들어/ 산과 들, 사람 모두 한 걸음에 손잡게' 한 수운 선사의 득의에 편승한다. 그러한 자기 보신적 체면으로 본 '스스로 몸을 낮추는 풀빛 새벽'은 환하게 다가오는 것이었다. 이렇듯 자아의 발견을 향한 시도는 거울보기와는 또 다른 확장성을 부여해 주게 된다.

앞서 읽었던 작품들이 실존인물에 대한 탐구였다면 「고요, 를 보다」와 같이 부처라는 신앙적 대상도 오은주의 '존재에 대한 이해'라는 접근방식으로 자리매김되기도 한다.

돌중의 돌 경주 남석南石 호명을 듣지 못해
박물관 뜰 서성이다 나도 몰래 멈춰 선다
변방에 비켜 서 있는 목 없는 부처 앞에

한쪽 팔은 달을 줬나, 다리마저 잃은 채
물어도 대답 없다 척추만 곧게 펼 뿐
중심은 멀리 있어도 고뇌는 하늘인가

유채꽃 환하게 핀 남천 들녘 바라보며
있음이 없음이고 없음이 있음이라
구름을 머리에 얹고 묵언수행 고요하다

—「고요, 를 보다」 전문

목을 잃어버린 채 상처 난 몸만 옮겨져 와 줄지어 늘어선 경주박물관 뒤뜰의 모습이다. 목 없는 부처 앞에 멈춰 서서 잠시 생각에 잠긴다. 한 때는 온 나라가 나서서 쪼고 깎아 만든 불상이 아니었던가. 어떤 연유로 목을 잃어버린 것일까. 물론 불국토를 꿈꾸며 삼국통일을 실현시켰던 신라라는 배경을 이해하지 못해서가 아니다. 마찬가지로 불교 때문에 망한 나라, 고려와 사상적으로 단절하기 위하여 유교를 국교로 받들면서 불교의 흔적을 지우려 한 조선의 역사적 선택을 몰라서도 아니다. 중요한 것은 두 가지 경우 모두 나라를 위한 일이었고 민초들을 위한 선택이었다는 사실이다. 모두가 시간을 두고 선택한 사람들의 일이었던 것이다.

하지만 사물을 읽거나 세상을 읽는 수단은 자신의 눈이라는 제한성을 통해서다. 내가 붉은 색안경을 끼면 붉게 보일 것이고 내가 안대를 한 채 바라보면 캄캄할 따름이다. 둘째 수의 초장 '한쪽 팔은 달을 줬나 다리마저 잃은 채' 서있는 불상에는 자신도 모르는 자신의 속내가 투영되어 있었다. 그러니 확신은 하지 못하고 '고뇌는 하늘인가'라는 불확실성 종결로 맺었다.

그러나 그뿐이 아닐 것이라는 생각의 물음은 끝이 나지 않는다. 아마도 세속의 번뇌는 자발적으로 떨쳐내었으리라고 자의적인 해석을 덧붙인다. '있음이 없음이고 없음이 있음이라' 곧 불교의 기초경전이자 핵심인 반야심경의 가르침에 신뢰의 손을 얹으며 머리가 있던 자리에 구름을 얹고 '묵언수행, 고요하다'는 해탈을 이끌어낸 것이다. 불교에서 흔히들 '적寂'으로 해석되는 고요는 그러나 생명체가 이를 수 없는 절대적인 경지로, 그런 자세에서 세상을 바라보면 모든 것이 꿈이 아니겠는가. 인식의 다양화를 꾀하려는 또 다른 모색으로 읽혀진다.

3

시를 쓰는 일은 결과적으로 자아의 발견을 겨냥한 정신영역의 확장을 목표로 한다. 자신의 실상을 규명하지 못하기에 세상의 갖가지 사물들과 현상들을 통해서 자기 현주소를 파악하는 방법으로 자신에게 접근하려 들기 마련이다. 거기에 가장 쉽게 구할 수 있는 실험체가 가족이거나 이웃, 그리고 주변 환경이다. 이 가까이 있는 대상물에게 자신을 옮겨두고 객관적으로 바라볼 수 있다면 금방 자기진단에 성공할 수 있을 것이다. 하지만 자신의 일에 자신이 객관적으로 접근한다는 것은 지극히 어려운 일이어서 대부분은 자기진단에 실패하기 십상이다. 더욱이 혈육과 같은 대상을 통해서 자신을 파악한다는 것은 더더욱 무리다. 그래서 그럴 경우 주관적인 평가라 할지라도 예외가 된다. 오은주의 경우도 앞에서 읽은 객관적이고 보편적인 접근이 차단된 부모를 대상으로 한 작품에서는 마냥 자유로울 수만은 없었다.

도마 위에 누운 조기 손질하던 아침나절
"에미야 별일 없제?" 어머니 잠긴 목소리
꿈에서 이가 툭, 빠져 날이 밝길 기다렸다는

십육 문 검정 고무신 밑창이 다 닳도록
푸성귀 장에 팔아 사오시던 새끼 조기
어쩌면 나는 아직도 당신의 아픈 생채기

손에 묻은 비늘 위로 파도 소리 철썩인다
아직도 놓지 못한 생인 손 나를 위해
날마다 소지 올리는 주름진 기도 하나
—「조기」 전문

여기서 제목으로 올려진 '조기'는 그야말로 이야기를 이끌어내는 미끼에 지나지 않는다. 왜냐하면 제목인 조기에 대해서 분석하고 느낌을 쓴 것이 아니라 조기를 촉매로 이루어진 어머니와의 관계성을 독자들과 나누고자 하였기 때문이다.

이 작품은 이야기가 중심이 된 생활시조라 할 수 있겠다. 첫수를 보면 시적 화자가 조기를 손질하는데 어머니가 전화를 해온다. 내용인 즉은 '꿈에서 이가 툭, 빠져' 너희한데 무슨 나쁜 일이라도 일어나지 않았는지 걱정스러워 '날이 밝길 기다렸다는' 이야기다. 정황만 나열하였을 뿐인데 이미 가슴이 먹먹해 옴을 느낀다.

이 대목에서 화자는 한 가족의 딸에서 한 나라의 딸로 돌아간다. '십육 문 검정고무신 밑창이 다 닳도록/푸성귀 장에 팔아 사오시던 새끼 조기'가 떠올라 하던 일이 손에 잡히질 않는다. 그렇다. 아직도 나이든 부모에게는 자신이 '아픈 상채기'일 뿐임을 자각하면서 마음을 달랜다. 셋째 수에서는 '손에 묻은 비늘 위로 파도소리 철썩'이는 시각과 청각을 아우르는 초장에서부터 종장의 '날마다 소지 올리는 주름진 기도 하나'에 깊이 고개를 숙인다. 어머니와 딸의 애틋한 모정이 마치 한 편의 동화처럼 스쳐간다.

신문을 펼치는데 눈 깜박이는 형광등
은회색 저승꽃이 광대뼈에 활짝 피어

중심을 벗어난 생각, 길 아닌 길 걷는다

날더러 누구네 집 색시냐고 묻는 아버지
초점 흐린 눈동자에 정지된 어느 젊은 날
앙상한 당신의 어깨, 하현달이 걸렸다

하나 둘 잊혀져가는 퇴화된 생각의 뼈
너저분한 방바닥엔 삶의 각질 수북한데
가끔씩 되살아나는 뉘우침이 환하다

—「오래된 형광등」 전문

그에 비해 아버지를 소재로 한 작품도 정서적 공감대와 은유 깊은 문학적 장치가 조화를 이루어 독자의 눈물샘을 자극한다. 이 작품 역시 스토리텔링의 전개방식을 도입하고 있다. 시작은 '신문을 펼치는데 눈 깜빡이는 형광등'에서부터 비롯된다. 대개의 경우 "고장이 났으니 전구를 바꾸어야 되겠구나"라고 대수롭지 않게 넘어간다. 그런데 시인의 눈에는 그것이 단순히 껌뻑이는 형광등의 모습만이 아니었다. '저승꽃이 광대뼈에 활짝 피어' 안타까움만 증폭시켰던 한 장면과 교차되었기 때문이다. 거기에 완전히 꺼져버린 것도 아닌 '중심을 벗어난 생각, 길 아닌 길 걷'던 아버지의 지워지지 않은 모습이 있었던 것이다.

둘째 수에 오면 흔히들 겪었음직한 내용이 아닐까하는 첫 수의 추측을 뒤엎는 반전이 기다리고 있다. 딸에게 '누구네 집 색시냐고 묻는 아버지' 때문이다. 고령사회로 변모되면서 많은 가정에서 겪는 일이지만 치매라는 치명적 슬픔을 만나보지 못한 사람은 온전히 그 고통의 실체를 느끼기 어렵다. 누구도 '하현달이 걸렸'던 '앙상한 당신의 어깨'가 기억의 저편에서 이다지도 오래도록 뇌리를 지배하리라고는 생각조차 하지 못했던 것이다. 그리고 셋째 수에서는 지금은 아무런 쓸모도 없는 뉘우침으로 자기도피를 택한 자신을 나무라고 있을 뿐이다.

앞의 「조기」와 함께 생활 속에서 관찰과 사색으로 일구어낸 이런 종류의 작품들이 갖는 절제와 은유의 미학은 짧은 형식미를 자랑삼는 시조의 장점을 극대화시켰다는 점에서 평가받아 마땅할 것이다.

4

이쯤에서 시조의 기본형이라 할 수 있는 단형시조의 면모를 한번 살펴보자. 시조는 3장 6구라는 기본 율격구조로 인해 정형시에 분류되고 단형시조는 그 출발점이자 종착점이다. 고시조에도 연시조가 없었던 것은 아니나 연시조는 서구의 자유시가 도입되면서 대립구도를 형성하면서 특히 많이 양산된 것이 사실이기 때문이다. 시조의 장려라는 풍조 속에서도 유독 시조다운 완결미를 확보한 작품들 가운데는 단형시조의 비율이 높다는 점은 시조의 형태미학에 대한 적잖은 시사점이 될 것이다.

① 구절초 강변 위로
날아가는 기러기 떼

날개 끝에 강물 적셔
산허리에 내려놓네

아직도 부치지 못한

젊은 날의 붉은 엽서

② 너에게서 내안에 감춘
전의戰意를 되읽는다

지난날 나의 꿈도
활활 타는 불꽃이었지

무섭게
나를 미행한
고샅길도 함께 읽는다

작품 ①은 「시월」전문이고 작품 ②는「데칼코마니」 전문이다. 두 작품에 대한 독후감을 한 마디로 요약한다면 단형시조의 진면목을 유감없이 보여준 수작이라고 할 수 있다. 앞에서의 연시조들이 갖는 스토리텔링식의 서사구조와는 또다른 함축과 은유로 이끌어낸 모국어만의 정결한 구조체를 형성하고 있기 때문이다.

많은 시조시인들이 정형성을 훼손하거나 체득하지 못한 채 시조의 근간을 파괴하는 일부의 현실에 비추어 볼 때 지극히 당연하면서도 다행스러운 자세라는 점에서 신뢰를 보내지 않을 수 없다.

우선「시월」은 나뭇잎이 단풍으로 물들어가는 시각적 계절변화에 편승하여 지나간 시간에 대한 아쉬움을 마치 한 폭의 투명수채화처럼 명징하게 그려내고 있다. 초장에서 제시된 '구절초 강변 위로/ 날아가는 기러기 떼'의 모습은 지극히 평이한 접근이다. 아니 어쩌면 상투적이라 싶을 정도로 안이한 장면의 도입이다. 그런데 이 상투성을 깨뜨려주는 대목이 '날개 끝에 강물 적셔/ 산허리에 내려놓네'라는 중장의 절묘한 배치이다. 붉게 물든 단풍, 즉 마음의 불을 끄기 위하여 강물을 적셔 산허리에 내려놓는 기러기라니 그것은 화자를 대신하는 행동의 차용에 불과하다.

이렇게 시월만 오면 마음이 흔들리는 까닭은 무엇인가. '아직도 부치지 못한/ 젊은 날의 붉은 엽서'가 가슴 한켠에 남아있기 때문이 아닌가. 다소 생뚱맞을 것 같은 종장의 의미 확장이 그러나 이 단시조의 품격을 살려주었다.

그에 비해 「데칼코마니」는 젖은 물감을 종이에 묻힌 채 접어서 의도한 대로 연출해내는 미술 표현법의 일종이다. 기법의 특성상 종이를 접어서 누른 채 문지르면 미처 의도하지 못한 기이한 효과를 거둘 수 있기에 특히 어린이들의 흥미를 유발시킨다. 다양한 색상의 물감을 한 면에만 묻혔을 때는 상상하지 못한 문양과 혼합색이 나타나게 되는데 이 때 양면은 서로 모양은 갖되 방향은 정반대의 모습으로 나타난다. 대체적으로 화려한 원색을 사용했을 때 더욱 효과적인 화면을 얻을 수가 있다.

지금 오은주는 접었을 때 찍혀 나오는 그 신기한 도면에서 자신이 잠재적으로 선택했던 색상에 감춰진 내면 풍경을 읽고 있다. 그리하여 '너에게서 내안에 감춘/ 전의戰意를 되읽'고자 하는 것이다. 지금은 잊혀져간 먼 시간의 기억일지 모르지만 잠재된 의식 속에 자리했다가 내가 선택한 색상과 면적, 힘의 기울기에 따라 불쑥 나타났다는 상상을 하게 된다. 그렇지. '지난 날 나의 꿈도/ 활활 타는 불꽃이었지'. 독백 같은 중장의 자기 아우르기에서 소재의 개별성을 탐구해 들어가는 진중한 자세를 읽을 수 있다.

그리고 무엇보다도 '무섭게/ 나를 미행한/ 고샅길도 함께 읽는다'는 종장이 갖는 시간과 공간의 확장은 우월하다 못해 절묘하다. 우리는 언제였는지 모를 시간들을 지나왔지만 사실은 단 한 순간도 '나를 미행한/ 고샅길'을 벗어난 본적이 없다. 평범한 미술기법 하나로도 이렇게 멀고 깊고 넓은 사유를 이끌어낼 수 있다는 것은 전적으로 시인의 역량에 속하는 부분이다.

5

시를 쓰는 일반적인 실천목표는 체험을 통한 자기규명과 사유를 통한 가치질서의 확장에 있다고 할 수 있겠다. 그리고 그 목표를 성공적으로 접근하고 공유하기 위하여 인쇄매체의 기능을 빌리게 된다. 그런데 오늘날 지나칠 정도로 과잉 공급되는 시집들을 보면 '자기규명'이나 '가치질서'뿐만 아니라 '성과'면에서도 수긍이 어려운 경우가 허다하다.

시조에 국한해서 보자면 독자들은 천년의 역사성에 걸맞은 완결미를 요구할 자세지만 그렇지 못하다면 시조다운 형식미라도 갖추어야 출판의 의미가 될 수 있다. 시조에는 우리네 짧은 자유시의 역사에서 보여준 어설픈 시도나 이미지의 표절, 언어의 지나친 유희, 자아 도취식 카타르시스가 용납되지 않는다. 왜냐하면 이미 오랜 기간의 체험과정을 충분히 거쳤기 때문이다. 그런 면에서 오은주의 매우 안정적이고 탐구적인 보법을 선보인 이번 시집의 성과는 기대, 그 이상이다.

읽다 놓친 편지처럼 또 한 번의 봄은 가고
시든 꽃대궁에 향기 남은 가을, 붉다

여자로 산다는 것은 매달 저를 지우는 일.

내일을 닫아버린 빈 방에 홀로 남아
올 터진 생각 달래 바늘귀에 꿰다보면
눈물도 나래를 펴나 창가로 가 별이 된다.

달을 걸러 가끔 피던 꽃소식도 감감하고
캄캄한 블랙홀에 움푹 패인 연못 하나
빈 배에 달을 싣는다, 비로소 완경完經이다.

—「가을, 랩소디」 전문

이 「가을, 랩소디」 또한 이번 시조집이 거둔 성과물 가운데 한편이다. 내용에서 보듯이 한 여성으로서 꿈을 좇으며, 혹은 놓치며 살아온 지난날을 돌아보며 좌절과 한계를 극복해가는 자아해소의 독백이 마치 비닐봉지에 싸인 과일처럼 시리고도 투명하다.

여자이기 때문에 매달 한 번씩 다가오는 달거리마저도 '여자로 산다는 것은 매달 저를 지우는 일'이라며 숙명으로 끌어안는다. 때로는 '내일을 닫아버린 빈 방에 홀로 남아' 눈물과도 친해보지만 그 때마다 별이 와서 잊을 수가 없었던 것이다. 그러나 여자의 시간이 모두 끝나고 사람으로만 남은 '움푹 패인 연못' 같은 시간이 오고 '비로소 완경이다'며 '빈 배에 달을 싣는' 자신을 만난다. 아무도 벗어날 수없는 자화상 하나가 삐딱하게 걸린 낯선 풍경이 가슴을 아리게 한다.

「가을, 랩소디」가 중년 여성의 자화상이라면 다음의 작품「계단」은 한 남자가 처한 이 시대의 자화상이라 할 수 있겠다.

털수염 덥수룩한 한 사내가 붓을 들었다
어깨 위에 올려진 두 아이 대학 등록금
두려움 쓸어내리며 주먹 불끈 쥐어본다

천 길 외줄 끝에 질긴 목숨 걸어두면
아파트 넓은 벽체 화폭으로 다가온다
억센 붓 휘두르는 팔에 꿈틀대는 산과 들

아득한 현기증 끝 또 한발 오른 계단
퇴출의 뼈아픔을 덧칠로 지워내면
서천에 떠오른 낮달 낙관처럼 울컥 붉다
–「계단」 전문

전체적으로 읽어보면 이 작품에서도 한 폭의 반추상화처럼 상상적 공간으로 다가온다. 첫 수에서는 페인트를 칠하면서 생계를 잇는 한 가장의 시대적 배경이 그려지고 둘째 수에서는 아파트 높은 벽에 외 줄 하나로 버티는 힘겨운 노역이 떠오르고 마지막 수에서는 서툰 페인트공이 되는 과정의 이면에는 퇴출이라는 실직의 아픔이 진하게 묻어있다. 고도의 산업화 과정에서 누구나 겪었음직한 불확실성의 운명이 '서천에 떠오른 낮달 낮달처럼 울컥 붉'게 해주는 체험은 이 시대를 사는 우리 모두의 것이기 때문이다.

이처럼 직, 간접적인 체험의 확장은 궁극적으로 한 인격체의 사고지수를 끌어 올려주고 시계불량의 내구성을 보완해주는 역할을 하게 된다.

시인에게 자신의 삶과 관련된 시대를 관찰하고 시대정신을 진단하며 미래지향적 처방을 강구하는 일 또한 지극히 타당한 책무에 해당된다. 그것은 곧 자기

체험적 상황인식으로 확보한 정보의 활용도를 극대화 시키는 모범답안에 다름 아니다.

6

지금까지 오은주의 첫 시조집『달빛 길어 올리기』의 첫 번째 독자로서 안복眼福을 누렸다. 분명한 것은 일반적으로 신인들에게서 맞닥뜨릴 수 있는 생경감이나 율격의 불안, 메시지의 모호성 같은 선입견에서 멀찍이 벗어나 있었다는 점이다. 오히려 작품에 따라서는 삶을 관조한 깊이마저도 느끼게 해 긴장미를 더해주었다. 아마도 이는 오랜 습작 과정과 시적 동기에 걸맞은 퇴고 과정이 빚어낸 성과가 아닌가 여겨진다.

이번 시조집에는 앞서 언급한 작품들 외에도 다양한 관찰과 모색, 자성적 성찰을 겨냥한 가작들이 많이 수록되어 있었다. 전체적 맥락으로 볼 때 오은주 시조의 미덕은 자아실현을 향한 반성적 성찰과 이웃, 혹은 시대와의 소통을 위한 냉정한 자기진단에 있다. 모든 인식의 출발이 자기 규명으로부터 출발하여 이웃과 사회, 그리고 시대정신으로 향하는 이 같은 시작태도는 시조의 현실적 존립 의의이자 도덕적 기반이라 하지 않을 수 없다. 이처럼 조심스러우면서도 단호한 그만의 탐구정신은 모든 작품 과정에서 완성도를 높여주고 있다.

이번 시조집의 발간을 계기로 오은주는 보다 확고한 자기 기반을 다져갈 것으로 기대된다. 그리고 무엇보다도 앞으로 보다 분명한 자신만의 가치관 정립과 미학적 개성이 수반된 자기 목소리를 찾는데 주력해야 할 것이다. 그리하여 장차 민족시, 시조의 건강한 재목으로 성장해주기를 바란다.